1°

Entretiens sur l'état de la Musique Grecque; par l'abbé Barthélemy.

2°

Entretiens sur l'état actuel de l'Opéra de Paris; par M. Coqueau.

3°

Suite des Entretiens sur l'état actuel de l'Opéra de Paris; par le même.

ENTRETIENS
SUR L'ÉTAT
DE
LA MUSIQUE GRECQUE.

A

ENTRETIENS

SUR L'ÉTAT

DE

LA MUSIQUE GRECQUE,

vers le milieu du quatrieme fiecle ,

avant l'Ere vulgaire,

A AMSTERDAM,

Et fe trouve

A PARIS,

Chez les Freres DE BURE , Libraires , quai des
Grands Auguftins.

M. DCC. LXXVII.

AVERTISSEMENT.

On suppose, dans ce petit Ouvrage, qu'un étranger, qui se trouvoit à Athenes vers l'an 360 avant l'ère vulgaire, rend compte de deux entretiens qu'il avoit eus sur la musique avec un Athénien disciple de Platon.

Plusieurs raisons ont engagé l'Auteur à choisir cette époque. Les arts étoient alors au plus haut point de leur perfection : il s'opéroit dans la musique une révolution qui n'étoit pas encore achevée. Platon, Aristote & Aristoxene vivoient dans ce siecle : les deux premiers ont parlé de l'art, en Philosophes ; le troisieme en a développé la théorie. L'Auteur a médité leurs ouvrages ; & s'il cite des écrivains postérieurs, c'est qu'ils le ramenent euxmêmes à l'époque où il s'est placé.

En s'occupant de son sujet, il s'est pénétré d'une nouvelle estime pour les travaux de M. Burette ; il a quelquefois profité des lumieres de ce savant Académicien ; il s'est quelquefois écarté de son avis. On a déja remarqué avant lui, qu'en exposant le système musical des Anciens , M. Burette n'avoit pas assez distingué les temps. *Voy.* les Mém. de l'Acad. des Belles-Lettres, tom. XXXV, pag. 361.

On n'a pu , sur-tout dans le premier de ces entretiens , éviter la sécheresse des détails. Ceux qui préferent les agréments du style à l'exactitude des faits , peuvent lire le Dialogue de M. l'Abbé de Châteauneuf.

On n'a pas cru devoir remonter au principe du système des Grecs. Ceux qui voudront le connoître le trouveront parfaitement développé dans l'excellent Mémoire de M. l'Abbé Roussier , sur la musique des Anciens.

ENTRETIENS

SUR L'ÉTAT

DE LA MUSIQUE GRECQUE.

ATHENES, où j'arrivai dans la premiere année de la 105ᵉ olympiade, devoit être le terme de mes voyages. Des rues sans alignement, des maisons petites & sans apparence [1], quelques-unes plus considérables, ensévelies au fond d'une cour, ou plutôt d'une avenue longue & étroite [2],

____

(1) Dicæarch. pag. 8. apud Geogr. min.
(2) Euftath. in Iliad. VIII. v. 435. Didym. ibid. Vitruv. lib. VI. cap. 10.

A iv

c'eſt tout ce qui s'offrit d'abord à mes yeux ; & dans mon étonnement je cherchois au milieu d'Athenes cette ville ſi célebre dans l'univers [1]. Mais je la reconnus bientôt à la magnificence qui brille dans les édifices publics, à ces temples, ces portiques, & tant d'autres monuments que les arts ſe ſont diſputé la gloire d'embellir.

Je logeai chez un Sénateur de l'Aréopage, nommé Apollodore, dont la famille étoit depuis long-temps unie à la mienne par les liens de l'hoſpitalité. Je trouvai auprès de lui tous les ſecours & tous les agréments que je pouvois attendre de ſon crédit & de ſon amitié.

Parmi les Inſtituteurs auxquels on

---

(1) Dicæarch. ibid.

confie la Jeuneffe d'Athenes, il n'eft pas rare de rencontrer des hommes d'un mérite diftingué. Tel fut autrefois Damon, qui donna des leçons de mufique à Socrates [1], & de politique à Périclès [2]. Tel étoit de mon temps Philotime, qui s'étoit chargé d'achever l'éducation de Lyfis fils d'Apollodore. Philotime avoit pendant long-temps fréquenté l'école de Platon, & joignoit à une profonde connoiffance des arts, les lumieres d'une faine philofophie.

J'allai le voir un jour dans une jolie maifon qu'il avoit hors des murs de la ville, à quelques ftades de la porte Diocharis [3]. La fituation en étoit dé-

---

(1) Plat. de Rep. lib. III. tom. 2. p. 400.

(2) Id. in Alcib. tom. 2. pag. 118. Plut. in Per. tom. 1. pag. 154.

(3) Plat. in Lyf. tom. 2. pag. 203. Strab. lib. IX. pag. 397.

licieufe ; de toutes parts la vue fe re-
pofoit fur des tableaux riches & variés.
Ce fuperbe bâtiment que vous avez
à votre gauche, me difoit Philotime,
eft le Lycée, & voilà le bois facré
d'Apollon ; à votre droite, ces belles
allées font celles de l'Académie ; plus
loin eft le Colone : c'eft cette émi-
nence qui termine l'horifon ; le temple qui la couronne eft celui de Nep-
tune.

Nous pafsâmes dans un petit jardin
que Philotime cultivoit lui-même, &
qui lui fournilloit des fruits & des lé-
gumes en abondance : un bois de pla-
tanes, au milieu duquel étoit un autel
confacré aux Mufes, en faifoit tout
l'ornement. C'eft toujours avec douleur, reprit Philotime en foupirant,
que je m'arrache de cette retraite ; je

veillerai à l'éducation du fils d'Apollodore, puifque je l'ai promis ; mais
c'eft le dernier facrifice que je ferai de
ma liberté. Comme je parus furpris de
ce langage, il ajouta : Les Athéniens
n'ont plus befoin d'inftructions ; ils
font fi aimables ! eh, que dire en effet
à des gens qui tous les jours établiffent
pour principe que l'agrément d'une
fenfation eft préférable à toutes les vé-
rités de la morale ?

Dans ce moment nous vîmes Platon, accompagné de quelques-uns de
fes difciples, fuivre le chemin qui va
le long des murs depuis l'Académie
jufqu'au Lycée[1] : il entra bientôt après :
il venoit quelquefois dans ce lieu fo-
litaire s'entretenir avec fon éleve, fon

____

(1) Plat. in Lyf. ibid.

ami ; la conversation roula sur les arts qui ont l'imitation pour objet. Platon s'exprimoit avec une sorte de lenteur [1]; mais on eût dit que la persuasion couloit de ses levres.

Après qu'il fut sorti, nous parcourûmes l'intérieur de la maison ; elle me parut ornée avec autant de décence que de goût. Nous passâmes dans un cabinet rempli de lyres , de flûtes & d'instruments de diverses formes, dont quelques-uns avoient cessé d'être en usage [2]. Des tablettes étoient couvertes de livres relatifs à la musique. Je priai Philotime de m'indiquer ceux qui pourroient m'en apprendre les principes. Il n'en existe point, me répondit-il ;

(1) Laert. lib. III. cap. 5.
(2) Arist. de Rep. lib. VIII. cap. 6.

nous n'avons qu'un petit nombre d'ouvrages affez fuperficiels fur le genre
enharmonique [1], & un plus grand nombre fur la préférence qu'il faut donner
dans l'éducation à certaines efpeces de
mufique [2]. Aucun Auteur n'a jufqu'à
préfent entrepris d'éclaircir méthodi-
quement toutes les parties de cette
fcience.

Je lui témoignai alors un fi vif defir
d'en avoir au moins quelque notion,
qu'il fe rendit à mes inftances.

---

(1) Ariftox. Harm. elem. lib. I. pag. 2 & 4. lib.
II. pag. 36.
(2) Arift. de Rep. lib. VIII. cap. 7.

PREMIER ENTRETIEN.

SUR LA PARTIE TECHNIQUE DE LA MUSIQUE.

Sı vous appreniez, dit Philotime, que parmi les Theſſaliens, ceux qui gouvernent l'Etat ſont nommés les chefs de la danſe [1], vous en concluriez avec raiſon que les Theſſaliens aiment cet exercice avec paſſion. Vous pouvez de même juger de notre goût pour la muſique, par la multitude des acceptions que nous donnons à ce mot ; nous l'appliquons indifféremment à la mélodie, à la meſure, à la poéſie, à la danſe, au geſte, à la réunion de toutes les ſciences, à la connoiſſance de preſque tous les arts. Ce

(1) Lucian. de Salt. cap. 14, tom. 2. p. 276.

(15)

n'est pas assez encore ; l'esprit de com-
binaison qui , depuis environ deux
siecles, s'est introduit parmi nous, &
qui nous force à chercher par - tout
des rapprochements , a voulu soumet-
tre aux loix de l'harmonie les mouvements des corps célestes [1] & ceux de
notre ame [2].

Ecartons ces objets étrangers. Il ne
s'agit ici que de la musique proprement
dite. Je tâcherai de vous en expliquer
les élémens, si vous me promettez de
supporter avec courage l'ennui des détails où je vais m'engager. Je le promis,
& il continua de cette maniere.

On distingue dans la musique le son,
les intervalles, les accords, les genres,
les modes, le rythme, les mutations

---

(1) Plin. lib. II. cap. 22. Censorin. cap. 13 , &c.
(2) Plut. de Mus. tom. 2. pag. 1147.

& la mélopée [1]. Je négligerai les deux derniers articles qui ne regardent que la compofition ; je traiterai fuccincte-ment des autres.

DES SONS.

Les fons que nous faifons entendre en parlant & en chantant, quoique formés par les mêmes organes, ne pro-duifent pas le même effet. Cette diffé-rence viendroit-elle, comme quelques-uns le prétendent [2], de ce que dans le chant la voix procede par des inter-valles plus fenfibles, s'arrête plus long-temps fur une fyllabe, eft plus fouvent fufpendue par des repos marqués ?

______

(1) Plat. de Rep. lib. III. tom. 2. p. 398. Euclid. introd. Harm. p. 1. Arift. Quint. de Muf. lib. I, pag. 9.

(2) Ariftox. lib. I. p. 8. Euclid. Introd. Harm. pag. 2.

Chaque

Chaque espace que la voix franchit, pourroit se diviser en une infinité de parties. Mais l'organe de l'oreille, quoique susceptible d'un très grand nombre de sensations [a], est moins délicat que celui de la parole, & ne peut saisir qu'une certaine quantité d'intervalles [1]. Comment les déterminer? Les Pythagoriciens emploient le calcul, les Musiciens le jugement de l'oreille [2].

(a) On peut voir les calculs de M. Dodart & de M. Sauveur dans les Mém. de l'Acad. des Sciences. Suivant le premier, les sous - divisions d'un seul ton, conduit par des nuances insensibles jusqu'au ton voisin, peuvent être au nombre de 9632. (ann. 1700, Mém. pag. 270.) Suivant le second, l'oreille n'est susceptible que de 512 sensations différentes. (ann. 1701. Hist. pag. 140.)

(1) Aristox. lib. II. pag. 53.

(2) Id. ibid. pag. 32. Meibom. ibid. Plut. de Mus. pag. 1144.

B

DES INTERVALLES, *ou de la différence des Sons entre le grave & l'aigu.*

Alors Philotime prit un monocorde, ou regle [1] fur laquelle étoit tendue une corde attachée, par fes deux extrémités, à deux chevalets immobiles. Nous fîmes couler un troifieme chevalet fous la corde, &, l'arrêtant fur des divifions tracées fur la regle, je m'apperçus aifément que les différentes parties de la corde rendoient des fons plus aigus que la corde entiere ; que la moitié de cette corde donnoit le diapafon ou l'octave ; que fes trois quarts fonnoient la quarte, & fes deux tiers la quinte. Vous voyez, ajouta Philotime, que le fon de la corde totale eft au fon de fes parties dans la même proportion que fa longueur à celle de ces mêmes parties ; & qu'ainfi

---

(1) Ariftid. Quintil. Boeth. de Muf. lib. IV. cap. 4. pag. 1443.

l'octave eſt dans le rapport de 2 à 1, ou de 1 à $\frac{1}{2}$, la quarte dans celui de 4 à 3, & la quinte de 3 à 2.

Les diviſions les plus ſimples du monocorde nous ont donné les intervalles les plus agréables à l'oreille. En ſuppoſant que la corde totale ſonne *mi*[a], je les exprimerai de cette maniere, *mi la* quarte, *mi si* quinte, *mi mi* octave.

Pour avoir la double octave, il ſuffira de diviſer par 2 l'expreſſion numérique de l'octave qui eſt $\frac{1}{2}$, & vous aurez $\frac{1}{4}$. Il me fit voir en effet que le quart de la corde entiere ſonnoit la double octave.

(a) Je ſuis obligé, pour me faire entendre, d'employer les ſyllabes dont nous nous ſervons pour ſolfier. Au lieu de *mi*, les Grecs auroient dit, ſuivant la différence des temps, ou l'*hypate*, ou la *mèſe*, ou l'*hypate des mèſes*.

Après qu'il m'eut montré la maniere de tirer la quarte de la quarte, & la quinte de la quinte, je lui demandai comment il déterminoit la valeur du ton. C'est, me dit-il, en prenant la différence de la quinte à la quarte, du *si* au *la* [1] : or la quarte, c'est à-dire la fraction $\frac{3}{4}$, est à la quinte, c'est-à-dire à la fraction $\frac{2}{3}$, comme 9 est à 8.

Enfin, ajouta Philotime, on s'est convaincu par une suite d'opérations, que le demi-ton, l'intervalle, par exemple, du *mi* au *fa*, est dans la proportion de 256 à 243 [2].

Au-dessous du demi-ton, nous faisons usage des tiers & des quarts de ton [3], mais sans pouvoir fixer leurs rap-

(1) Aristox. Elem. Harm. lib. I. pag. 21.
(2) Theon. Smyrn. Edit. Bull. pag. 102.
(3) Aristox. lib. II. pag 46.

ports, fans ofer nous flatter d'une précifion rigoureufe ; j'avoue même que
l'oreille la plus exercée a de la peine à
les faifir [1].

Je demandai à Philotime fi, à l'ex-
ception de ces fons prefque impercep-
tibles, il pourroit fucceffivement tirer
d'un monocorde tous ceux dont la
grandeur eft déterminée, & qui for-
ment l'échelle du fyftême mufical. Il
faudroit pour cet effet, me dit-il, une
corde d'une longueur démefurée; mais
vous pouvez y fuppléer par le calcul.
Suppofez-en une qui foit divifée en
8192 parties égales [2], & qui fonne le
si [a].

---

(1) Id. lib. I. pag. 19.

(2) Euclid. pag. 37, Ariftid. Quintil. lib. III,
pag. 116.

(a) J'ai choifi pour premier degré de cette échelle

B iij

Le rapport du demi-ton, celui, par exemple, de *si* à *ut*, étant supposé de 256 à 243, vous trouverez que 256 est à 8192, comme 243 est à 7776, & qu'en conséquence ce dernier nombre doit vous donner l'*ut*.

Le rapport du ton étant, comme nous l'avons dit, de 9 à 8, il est visible qu'en retranchant le 9e de 7776, il restera 6912 pour le *re*.

En continuant d'opérer de la même maniere sur les nombres restants, soit pour les tons, soit pour les demi-tons, vous conduirez facilement votre échelle

---

le *si*, & non la proslambanomene *la*, comme ont fait les Ecrivains postérieurs à l'époque de ces Entretiens. Le silence de Platon, d'Aristote & d'Aristoxene, me persuade que de leur temps la proslambanomene n'étoit pas encore introduite dans le systême musical.

fort au-delà de la portée des voix & des inftruments, jufqu'à la cinquieme octave du *si*, d'où vous êtes parti. Elle vous fera donnée par 256, & l'*ut* fuivant par 243 ; ce qui vous fournira le rapport du demi-ton, que je n'avois fait que fuppofer.

Philotime faifoit tous ces calculs à mefure ; & quand il les eut terminés, il fuit de-là, me dit-il, que dans cette longue échelle, les tons & les demi-tons font tous parfaitement égaux : vous trouverez auffi que les intervalles de même efpece font parfaitement juftes ; par exemple, que le ton & demi, ou tierce mineure, eft toujours dans le rapport de 32 à 27 ; le diton, ou tierce majeure, dans celui de 81 à 64 [1].

____

(1) Rouff. Muf. des Anc. pag. 197 & 249.

Mais, lui dis-je, comment vous en
affurer dans la pratique ? Outre une
longue habitude, répondit-il, nous
employons quelquefois, pour plus
d'exactitude, la combinaifon des quar-
tes & des quintes obtenues par un ou
plufieurs monocordes [1]. La différence
de la quarte à la quinte m'ayant fourni
le ton, fi je veux me procurer la tierce
majeure au-deffous d'un ton donné,
tel que *la*, je monte à la quarte *re*,
de-là je defcends à la quinte *fol*, je remonte à la quarte *ut*, je redefcends à
la quinte, & j'ai le *fa*, tierce majeure
au-deffous du *la*.

DES ACCORDS.

Les intervalles font confonnants ou

---

(1) Ariftox. lib. II, pag. 55.

(25)

diſſonnants [1]. Nous rangeons dans la premiere claſſe la quarte, la quinte, l'octave, la onzieme, la douzieme & la double octave. Mais ces trois der-niers ne ſont que les repliques des pre-miers. Les autres intervalles, connus ſous le nom de diſſonnants, ſe ſont introduits peu à peu dans la mélodie.

L'octave eſt la conſonnance la plus agréable [2], parcequ'elle eſt la plus na-turelle. C'eſt l'accord que fait enten-dre la voix des enfants lorſqu'elle eſt mêlée avec celle des hommes [3] ; c'eſt le même que produit une corde qu'on a pincée : le ſon en expirant donne lui-même ſon octave [4].

____

(1) Ariſtox. lib. II, pag. 44. Euclid. Introd. Harm. pag. 8.
(2) Ariſtot. Problem. tom. 2, pag. 766.
(3) Id. Probl. 39, pag. 768.
(4) Id. Probl. 24 & 32.

Philotime voulant prouver que les accords de quarte & de quinte [1] n'étoient pas moins conformes à la nature, me fit voir sur son monocorde que dans la déclamation soutenue, & même dans la conversation familiere, la voix franchit plus souvent ces intervalles que les autres [a].

Je ne les parcours, lui dis-je, qu'en passant d'un ton à l'autre. Est-ce que dans le chant les sons qui composent un accord ne se font jamais entendre en même temps ?

---

[1] Nicom. pag. 16. Dionyf. Halicarn. de Conftruct. sect. xi , edit. Upton.

[a] Il seroit possible que ce qu'on a nommé depuis la *lyre de Mercure*, fût employé à soutenir la voix dans ces scenes où la déclamation étoit accompagnée d'un instrument. Plut. de Mus. pag. 1141. Il est certain que les quatre cordes de cette lyre sonnoient la 4e, la 5e & la 8e.

Le chant, répondit-il, n'eſt qu'une ſucceſſion de ſons ; les voix chantent toujours à l'uniſſon ou à l'octave, qui n'eſt diſtinguée de l'uniſſon que parcequ'elle flatte plus l'oreille [1]. Quant aux autres intervalles, elle ne juge de leurs rapports que par la comparaiſon du ſon qui vient de s'écouler avec celui qui l'occupe dans le moment [2]. Ce n'eſt que dans les concerts où les inſtruments accompagnent la voix, qu'on peut diſcerner des ſons différents & ſimultanées. Car la lyre & la flûte, pour corriger la ſimplicité du chant, y joignent quelquefois des traits & des variations, d'où réſultent des parties diſtinctes du ſujet principal. Mais elles

____

(1) Ariſtot. Probl. 39, pag. 763.
(2) Ariſtox. lib. I, pag. 39.

(28)

reviennent bientôt de ces écarts, pour
ne pas affliger trop long-temps l'oreille
étonnée d'une pareille licence [1].

DES GENRES.

Vous avez fixé, lui dis-je, la valeur des intervalles ; j'entrevois l'usage
qu'on en fait dans la mélodie. Je vou-
drois savoir quel ordre vous leur assi-
gnez sur les instruments. Jettez les
yeux, me dit-il, sur ce tétracorde ;
vous y verrez de quelle maniere les intervalles sont distribués dans notre
échelle, & vous connoîtrez le systême
de notre musique. Les quatre cordes
de cette cithare sont disposées de façon que les deux extrêmes, toujours

____

(1) Plat. de Leg. lib. VII, pag. 812. Aristot.
Probl. 39, pag. 763. Mém. de l'Acad. des Belles-
Lettres, tom. 3, pag. 119.

immobiles, fonnent la quarte en montant, *mi*, *la* [1]. Les deux cordes moyennes, appellées mobiles parcequ'elles reçoivent différents dégrés de tenfion, conftituent trois genres d'harmonie; le diatonique, le chromatique, l'enharmonique.

Dans le diatonique, les quatre cordes procedent par un demi-ton & deux tons, *mi*, *fa*, *fol*, *la*; dans le chromatique, par deux demi-tons & une tierce mineure, *mi*, *fa*, *fa* dièze, *la*; dans l'enharmonique, par deux quarts de ton & une tierce majeure, *mi*, *mi*, quarts de ton, *fa*, *la*.

Comme les cordes mobiles font fufceptibles de plus ou de moins de tenfion, & peuvent en conféquence

____

(1) Ariftox. lib. I, pag. 22. Euclid. pag. 6.

produire des intervalles plus ou moins grands, il en a résulté une autre espece de diatonique, où sont admis les trois quarts & les cinq quarts de ton, & deux autres especes de chromatique, dans l'un desquels le ton, à force de diſſections, ſe réſout, pour ainſi dire, en parcelles [1]. Quant à l'enharmonique, je l'ai vu dans ma jeuneſſe quelquefois pratiqué ſuivant des proportions qui varioient dans chaque eſpece d'harmonie [2]; mais il me paroît aujourd'hui déterminé. Ainſi nous nous en tiendrons aux formules que je viens de vous indiquer, & qui, malgré les réclamations de quelques Muſiciens, ſont les plus généralement adoptées [3].

---

(1) Ariſtox. lib. I, pag. 24.
(2) Ariſtid. Quintil. lib. I, pag. 21.
(3) Ariſtox. lib. I, pag. 22 & 23.

Pour étendre notre fyftême de mufique, on fe contenta de multiplier les
tétracordes ; mais ces additions ne fe
font faites que fucceffivement. L'art
trouvoit des obftacles dans les loix qui
lui prefcrivoient des bornes, dans l'i-
gnorance qui l'arrêtoit dans fon effor.
De toutes parts on tentoit des effais.
Dans un pays on ajoutoit des cordes à
la lyre ; dans un autre on les retran-
choit [1]. Enfin l'heptacorde parut &
fixa pendant quelque temps l'attention. C'eft cette lyre à fept cordes.
Les quatre premieres offrent à vos
yeux l'ancien tétracorde, *mi*, *fa*, *fol*,
la ; il eft furmonté d'un fecond, *la*,
si bémol, *ut*, *re*, qui procede par les
mêmes intervalles, & dont la corde la

---

(1) Plut. de Muf. tom. 2, pag. 1144.

plus baſſe ſe confond avec la plus haute du premier. Ces deux tétracordes s'appellent *conjoints*, parcequ'ils ſont unis par la moyenne *la*, que l'intervalle d'une quarte éloigne également de ſes deux extrêmes, *la*, *mi* en deſcendant, *la*, *re* en montant [1].

Dans la ſuite, le Muſicien Terpandre, qui vivoit il y a environ 250 ans, ſupprima la 5ᵉ corde le *si* bémol, & lui en ſubſtitua une nouvelle plus haute d'un ton ; il obtint cette ſérie de ſons, *mi*, *fa*, *ſol*, *la*, *ut*, *re*, *mi*, dont les extrêmes ſonnent l'octave [2]. Ce ſecond heptacorde ne donnant pas deux tétracordes complets, Pythagore ſuivant les uns [3], Lycaon de Samos ſui-

------

(1) Eraſtocl. ap. Ariſtox. lib. I, pag. 5.
(2) Ariſtot. tom. 4, pag. 763. Probl. 7 & 32.
(3) Nicom. Harmon. man. lib. I, pag. 9.

vant

vant d'autres [1], en corrigea l'imper-
fection en inférant une huitieme corde à un ½ ton au-deſſous de l'*ut*.

Philotime prenant une cithare mon-
tée à huit cordes : voilà, me dit-il,
l'octacorde qui réſulta de l'addition de
la huitieme corde. Il eſt compoſé de
deux tétracordes, mais disjoints, c'eſt-
à-dire ſéparés l'un de l'autre, *mi*, *fa*,
ſol, *la*, *si*, *ut*, *re*, *mi*. Dans le premier heptacorde, *mi*, *fa*, *ſol*, *la*,
si bémol, *ut*, *re*, toutes les cordes ho-
mologues ſonnoient la quarte, *mi la*,
fa si bémol, *ſol ut*, *la re*. Dans l'octacorde, elles font entendre la quinte,
mi si, *fa ut*, *ſol re*, *la mi* [2].

L'octave s'appelloit alors *harmonie*,

---

(1) Boeth. de Muſ. lib. I, cap. 20.
(2) Nicom. ibid. pag. 14.

C

parcequ'elle renfermoit la quarte & la quinte, c'eft-à-dire toutes les confonnances [1]; & comme ces intervalles fe rencontrent plus fouvent dans l'octacorde, que dans les autres inftruments, la lyre octacorde fut regardée, & l'eft encore, comme le fyftême le plus parfait pour le genre diatonique; & de là vient que Pythagore [2], fes Difciples & les autres Philofophes de nos jours [3], renferment la théorie de la mufique dans les bornes d'une octave ou de deux tétracordes.

Après d'autres tentatives pour augmenter le nombre des cordes [4], on

---

(1) Idem. pag. 17.

(2) Plut. dial. de Muf. pag. 1145.

(3) Philol. ap. Nicom. pag. 17. Ariftot. tom. 4, pag. 763. Probl. 19. Id. ap. Plut. de Muf. pag. 1139.

(4) Plut. in Agid. tom. 1, pag. 1466. Suid. in Prol. &c.

ajouta un troisieme tétracorde au-deſſous du premier [1], & l'on obtint l'en-
décacorde, compoſé de onze cordes [2],
qui donnent cette ſuite de ſons, *si*,
ut, *re*, *mi*, *fa*, *ſol*, *la*, *si*, *ut*, *re*,
mi. D'autres Muſiciens commencent
à diſpoſer ſur leur lyre quatre & même
juſqu'à cinq tétracordes [a].

Philotime me montra enſuite des
cithares, plus propres à exécuter certains chants, qu'à fournir le modele

---

(1) Nicom. lib. I, pag. 21.

(2) Plut. de Muſ. pag. 1136. Pauſan. lib. III,
pag. 237. Mém. de l'Acad. des Belles-Lettres,
tom. 13, pag. 241.

(a) Ariſtoxene parle des 5 tétracordes qui for-
moient de ſon temps le grand ſyſtême des Grecs.
Il m'a paru que du temps de Platon & d'Ariſtote
ce ſyſtême étoit moins étendu. Mais comme Ariſtoxene étoit diſciple d'Ariſtote, j'ai cru pouvoir
avancer que cette multiplicité de tétracordes commençoit à s'introduire du temps de ce dernier.

d'un fyftême. Tel étoit le Magadis dont Anacréon fe fervoit quelquefois [1]. Il étoit compofé de 20 cordes qui fe réduifoient à 10, parceque chacune étoit accompagnée de fon octave. Tel étoit encore l'Epigonium, inventé par Epigonus d'Ambracie, le premier qui pinça les cordes au lieu de les agiter avec l'archet [2], autant que je puis me le rappeller; fes 4c cordes, réduites à 20 par la même raifon, n'offroient qu'un triple heptacorde qu'on pouvoit approprier aux trois genres ou à trois modes différents.

Avez-vous évalué, lui dis-je, le nombre des tons & des demi-tons que la voix & les inftruments peuvent par-

____

(1) Anacr. ap. Athen. lib. XIV, pag. 634.
(2) Poll. lib. IV, cap. 9, feg. 59. Athen. lib. IV, pag. 183.

courir, foit dans le grave, foit dans l'aigu? La voix, me dit-il, ne parcourt pour l'ordinaire que deux octaves & une quinte. Les inftruments embraf-fent une plus grande étendue [1]. Nous avons des flûtes qui vont au-delà de la troifieme octave. En général les changements qu'éprouve chaque jour le fyftême de notre mufique, ne permettent pas de fixer le nombre des fons dont elle fait ufage. Les deux cordes moyennes de chaque tétracorde, fujettes à différents degrés de tenfion, font entendre, à ce que prétendent quelquesuns, fuivant la différence des trois genres & de leurs efpeces, les trois quarts, le tiers, le quart, & d'autres moindres fous-divifions du ton ; ainfi

____

(1) Ariftox. lib. I, pag. 20. Euclid. pag. 13.

dans chaque tétracorde, la deuxieme corde donne quatre efpeces d'*ut* ou de *fa*, & la troifieme fix efpeces de *re* ou de *fol* [1]. Elles en donneroient une infinité, pour ainfi dire, fi l'on avoit égard aux licences des Muficiens, qui, pour varier leur harmonie, hauffent ou baiffent à leur gré les cordes mobiles de l'inftrument, & en tirent des nuances de fons que l'oreille ne peut apprécier [2].

DES MODES.

La diverfité des modes fait éclore de nouveaux fons. Elevez ou baiffez d'un ton ou d'un demi-ton les cordes d'une lyre, vous paffez dans un autre mode. Les Nations qui, dans les fiecles re-

---

(1) Ariftox. lib. II, pag. 51.
(2) Ariftox. lib. II, pag. 48 & 49.

culés, cultiverent la musique, ne s'accorderent point sur le ton fondamental du tétracorde, comme aujourd'hui encore des Peuples voisins partent d'une époque différente pour compter les jours de leurs mois [1]. Les Doriens exécutoient le même chant à un ton plus bas que les Phrygiens, & ces derniers, à un ton plus bas que les Lydiens : delà les dénominations des modes Dorien, Phrygien & Lydien. Dans le premier, la corde la plus basse du tétracorde est *mi* ; dans le second, *fa* dieze ; dans le troisieme, *sol* dieze. D'autres modes ont été dans la suite ajoutés aux premiers : tous ont plus d'une fois varié, quant à la forme [2]. Nous en

---

(1) Aristox. lib. II, pag. 37.
(2) Idem. lib. I , pag. 23.

voyons paroître de nouveaux [1] à mesure que le système s'étend, ou que la musique éprouve des vicissitudes; & comme dans un temps de révolution, il est difficile de conserver son rang, les Musiciens cherchent à rapprocher d'un quart de ton les modes Phrygien & Lydien, séparés de tout temps l'un de l'autre par l'intervalle d'un ton [2]. Des questions interminables s'élevent sans cesse sur la position, l'ordre & le nombre des autres modes. J'écarte des détails dont je n'adoucirois pas l'ennui en le partageant avec vous; l'opinion qui commence à prévaloir admet treize modes [3] à un demi-ton de distance l'un

---

(1) Plut. de Muf. pag. 1136.
(2) Ariftox. lib. II, pag. 37.
(3) Idem. ap. Euclid. pag. 19. Ariftid, Quintil. lib. I, pag. 22.

de l'autre, rangés dans cet ordre, **en** commençant par l'Hypodorien qui e**st** le plus grave :

Hypodorien, ... *si.*
Hypophrygien grave, . *ut.*
Hypophrygien aigu, . . *ut* dieze.
Hypolydien grave, . . . *re.*
Hypolydien aigu, . . . *re* dieze.
Dorien, ... *mi.*
Ionien, ... *fa.*
Phrygien, ... *fa* dieze.
Eolien ou Lydien grave, *sol.*
Lydien aigu, ... *sol* dieze.
Mixolydien grave, . . . *la.*
Mixolydien aigu, . . . *la* dieze.
Hypermixolydien, . . . *si.*

Tous ces modes ont un caractere particulier. Ils le reçoivent moins **du** ton principal que de l'espece de poéfie

& de mesure, des modulations & des traits de chant qui leur sont affectés, & qui les distinguent aussi essentiellement que la différence des proportions & des ornements distingue les ordres d'architecture.

La voix peut passer d'un mode ou d'un genre à l'autre ; mais ces transitions ne pouvant se faire sur les instruments, qui ne sont percés ou montés que pour certains genres ou certains modes, les Musiciens emploient deux moyens. Quelquefois ils ont sous la main plusieurs flûtes ou plusieurs cithares, pour les substituer adroitement l'une à l'autre [1]. Plus souvent ils tendent sur une lyre [2] toutes les cordes

─────────────────────────────

(1) Aristid. Quintil. de Mus. lib. II, pag. 91.
(2) Plat. de Rep. lib. III, pag. 399.

qu'exige la diverſité des genres & des modes *a*. Il n'y a pas même long-temps qu'un Muſicien plaça ſur les trois faces d'un trépied mobile, trois lyres montées, l'une ſur le mode Dorien, la ſeconde ſur le Phrygien, la troiſieme ſur le Lydien. A la plus légere impulſion, le trépied tournoit ſur ſon axe, & procuroit à l'Artiſte la facilité de parcourir les trois modes ſans interruption. Cet inſtrument, qu'on avoit admiré, tomba dans l'oubli après la mort de l'Inventeur [1].

MANIERE DE SOLFIER.

Les tétracordes ſont déſignés par des noms relatifs à leur poſition dans

---

(*a*) Platon dit qu'en banniſſant la plûpart des modes, la lyre aura moins de cordes. On multiplioit donc les cordes ſuivant le nombre des modes.

(1) Athen. lib. XIV, pag. 637.

(44)

l'échelle muſicale , & les cordes par
des noms relatifs à leur poſition dans
chaque tétracorde. La plus grave de
toutes , le *si* , s'appelle l'*hypate* , ou la
principale ; celle qui la ſuit en montant , la *parhypate* , ou la voiſine de
la principale.

Je vous interromps , lui dis-je , pour
vous demander ſi vous n'avez pas des
mots plus courts pour chanter un air
dénué de paroles. Quatre voyelles ,
répondit-il , l'*é* bref , l'*a* , l'*è* grave ,
l'*ô* long , précédées de la conſonne *t* ,
expriment les quatre ſons de chaque
tétracorde [1], excepté que l'on retran-
che le premier de ces monoſyllabes ,
lorſqu'on rencontre un ſon commun
à deux tétracordes. Je m'explique : ſi

____

[1] Ariſtid. Quintil. lib. II , pag. 94.

je veux folfier cette férie de fons don-
nés par les deux premiers tétracordes,
si, *ut*, *re*, *mi*, *fa*, *fol*, *la*, je dirai
té, *ta*, *tè*, *tô*, *ta*, *tè*, *tô*, & ainfi de
fuite.

DES NOTES.

J'ai vu quelquefois, repris-je, de
la mufique écrite ; je n'y démêlois que
des lettres tracées horifontalement fur
une même ligne, correfpondantes aux
fyllabes des mots placés au-deffous,
les unes entieres ou mutilées, les autres pofées en différents fens. Il nous
falloit des notes, répliqua-t-il, nous
avons choifi les lettres ; il nous en
falloit beaucoup à caufe de la diverfité
des modes, nous avons donné aux
lettres des pofitions ou des configura-
tions différentes. Cette maniere de no

ter est simple mais défectueuse. On a
négligé d'approprier une lettre à chaque son de la voix, à chaque corde
de la lyre. Il arrive de là que le même
caractere étant commun à des cordes
qui appartiennent à divers tétracordes,
ne sauroit spécifier leurs différents degrés d'élévation, & que les notes du
genre diatonique font les mêmes que
celles du chromatique & de l'enharmonique [1]. On les multipliera sans
doute un jour, mais il en faudra une
si grande quantité [2], que la mémoire
des Commençants en sera peut-être
surchargée [a].

---

(1) Aristox. lib. II, pag. 40.

(2) Alyp. Introd. pag. 3. Gaudent. pag. 25.
Bacch. pag. 3. Arist. Quint. pag. 26.

(a) M. Burette (Mém. de l'Acad. tom. 5, pag. 182.)
prétend que les Anciens avoient 1620 notes, tant

En difant ces mots, Philotime traçoit fur des tablettes un air que je fa-
vois par cœur. Après l'avoir examiné,

---

pour la tablature des voix que pour celle des inftruments. Il ajoute qu'après quelques années, on pouvoit à peine chanter ou folfier fur tous les tons &
dans tous les genres, en s'accompagnant des fons
de la lyre. M. Roufleau (Dict. de Muf. à l'art.
notes) & M. Duclos (Mém. de l'Acad. tom. 21,
pag. 202) ont dit la même chofe d'après M. Burette.

Ce dernier n'a pas donné fon calcul ; mais on
voit comment il a opéré. Il part du temps où la
mufique avoit 15 modes. Dans chaque mode chacune des 18 cordes de la lyre étoit affectée de deux
notes, l'une pour la voix, l'autre pour l'inftrument, ce qui faifoit pour chaque mode 36 notes.
Or il y avoit 15 modes. Il faut donc multiplier 36
par 15, & l'on a 540. Chaque mode, fuivant qu'il
étoit exécuté dans l'un des trois genres, avoit des
notes différentes. Il faut donc multiplier encore
540 par 3, ce qui donne en effet 1620.

M. Burette ne s'eft pas rappellé que dans une
lyre de 18 cordes, 8 de ces cordes étoient ftables,

je lui fis obferver que les fignes mis fous mes yeux pourroient fuffire en effet pour diriger ma voix , mais qu'ils

---

& par conféquent affectées des mêmes fignes fur quelque genre qu'on voulût monter la lyre.

Il m'a paru que toutes les notes employées dans les trois genres de chaque mode, fe montoient au nombre de 33 pour les voix, & autant pour les inftruments, en tout 66. Multiplions à préfent le nombre des notes par celui des modes, c'eft-à-dire 66 par 15 ; au lieu de 1620 notes que fuppofoit M. Burette, nous n'en n'aurons que 990, dont 495 pour les voix & autant pour les inftruments.

Malgré cette réduction, on fera d'abord effrayé de cette quantité de fignes autrefois employés dans la mufique ; & l'on ne fe fouviendra pas que nous en avons un très grand nombre nous · mêmes, puifque nos *clefs*, nos *diezes* & nos *bémols* changent la valeur d'une note pofée fur chaque ligne & dans chaque intervalle. Les Grecs en avoient plus que nous. Leur tablature exigeoit donc un peu plus d'étude que la nôtre. Mais je fuis bien éloigné de croire avec M. Burette qu'il fallût des années entieres pour s'y familiarifer.

n'en

n'en régloient pas les mouvements. Ils font déterminés, répondit il, par les fyllabes longues & breves dont les mots font compofés, par le rythme qui conftitue une des plus effentielles parties de la mufique & de la poéfie.

DU RYTHME.

Le rythme en général eft un mouvement fucceffif & foumis à certaines proportions [1]. Vous le diftinguez dans le vol d'un oifeau, dans les pulfations des arteres, dans les pas d'un danfeur, dans les périodes d'un difcours. En poéfie, c'eft la durée relative des inftants que l'on emploie à prononcer les fyllabes d'un vers ; en mufique, la durée relative des fons qui entrent dans la compofition d'un chant.

---

(1) Mém. de l'Acad. des B. L. tom. 5, pag. 152.

D

Dans l'origine de la mufique, fon rythme fe modela exactement fur celui de la poéfie. Vous favez que dans notre Langue, toute fyllabe eft breve ou longue. Il faut un inftant pour prononcer une breve, deux pour une longue; de la réunion de plufieurs fyllabes longues & breves fe forme le pied; & de la réunion de plufieurs pieds, la mefure du vers : chaque pied a un mouvement, un rythme, divifé en deux temps, l'un pour le frappé, l'autre pour le levé.

Homere & les Poètes fes contemporains employoient communément le vers héroïque, dont fix pieds mefurent l'étendue & contiennent chacun deux longues, ou une longue fuivie de deux breves. Ainfi quatre inftants fyllabiques conftituent la durée du pied, &

vingt-quatre de ces inftants , la durée du vers.

On s'étoit dès-lors apperçu qu'un mouvement trop uniforme régloit la marche de cette efpece de vers ; que plufieurs mots expreffifs & fonores en étoient bannis , parcequ'ils ne pouvoient s'affujettir à fon rythme ; que d'autres, pour y figurer, avoient befoin de s'appuyer fur un mot voifin. On effaya , en conféquence , d'introduire quelques nouveaux rythmes dans la poéfie [1]. Le nombre en a depuis confidérablement augmenté par les foins d'Archiloque, d'Alcée, de Sappho & de plufieurs autres Poètes. On les claffe aujourd'hui fous trois genres principaux.

____

(1) Arift. de Poet. tom. 2, pag. 654.

D ij

Dans le premier, le levé eſt égal au frappé ; c'eſt la meſure à deux temps égaux. Dans le ſecond, la durée du levé eſt double de celle du frappé ; c'eſt la meſure à deux temps inégaux, ou à trois temps égaux. Dans le troiſieme, le levé eſt à l'égard du frappé comme 3 eſt à 2 ; c'eſt-à-dire qu'en ſuppoſant les notes égales, il en falloit 3 pour un temps, & 2 pour l'autre. On connoît un quatrieme genre où le rapport des temps eſt comme 3 à 4 ; mais on en fait rarement uſage.

Outre cette différence dans les genres, il en réſulte une plus grande encore, tirée du nombre des ſyllabes affectées à chaque temps d'un rythme. Ainſi dans le premier genre, le levé & le frappé peuvent chacun être compoſés d'un inſtant ſyllabique, ou d'une ſyllabe breve ; mais ils peuvent l'être auſſi de 2, de 4, de 6, & même de 8 inſtants ſyllabiques ; ce qui donne quelquefois pour la meſure entiere une combinaiſon de ſyllabes longues & breves, qui équivaut à 16 inſtants ſyllabiques. Dans le ſecond genre, cette combinaiſon peut être de 18 de ces inſtants : enfin, dans le troiſieme, un des temps peut recevoir depuis 3 breves juſqu'à 15, & l'autre depuis 1 breve juſqu'à 10, ou leurs équivalents ; de maniere que la meſure entiere comprenant 25 inſtants ſyllabiques, excede d'un de ces inſtants la portée du vers épique, & peut embraſſer juſqu'à 18 ſyllabes longues ou breves.

Si à la variété que jette dans le rythme ce courant plus ou moins rapide d'inſtants ſyllabiques, vous joignez celle qui provient du mélange & de l'entrelacement des rythmes , & celle qui naît du goût du Muſicien, lorſque ſelon le caractere des paſſions qu'il veut exprimer , il preſſe ou ralentit la meſure, ſans néanmoins en altérer les proportions , vous en conclurez que dans un concert notre oreille doit être ſans ceſſe agitée par des mouvements ſubits qui la réveillent & l'étonnent.

Des lignes placées à la tête d'une piece de muſique en indiquent le rythme ; & le Coryphée, du lieu le plus élevé de l'orcheſtre, l'annonce aux Muſiciens & aux Danſeurs attentifs à ſes geſtes [1]. J'ai obſervé, lui dis-je, que les Maîtres des chœurs battent la meſure tantôt avec la main , tantôt avec le

____

(1) Ariſtot. tom. 2. Problem. pag. 770.

pied [1]. J'en ai vu même dont la chauf-
fure étoit armée de fer; & je vous avoue
que ces percuffions bruyantes trou-
bloient mon attention & mon plaifir.
Philotime fourit & continua.

Platon compare la poéfie dépouillée
du chant, à un vifage qui perd fa
beauté en perdant la fleur de la jeuneffe [2]. Je comparerois le chant dénué
du rythme à des traits réguliers, mais
fans ame & fans expreffion. C'eft fur-
tout par ce moyen, que la mufique excite les émotions qu'elle nous fait
éprouver. Ici le Muficien n'a, pour
ainfi dire, que le mérite du choix; tous
les rythmes ont des propriétés inhé-
rentes & diftinctes. Que la trompette

____

(1) Mém. de l'Acad. des B. L. tom. 5, pag. 160.
(2) Plat. de Rep. lib. X, pag. 600.

frappe à coups redoublés un rythme vif, impétueux, vous croirez entendre les cris des combattants, & ceux des vainqueurs ; vous vous rappellerez nos chants belliqueux & nos danses guerrieres. Que plusieurs voix, dans une modulation simple, transmettent à votre oreille des sons qui se succédent avec lenteur, vous entrerez dans le recueillement : si leurs chants contiennent les louanges des Dieux, vous vous sentirez disposé au respect qu'inspire leur présence ; & c'est ce qu'opere le rythme qui, dans nos cérémonies religieuses, dirige les hymnes & les danses.

Le caractere des rythmes est déterminé au point que la transposition d'une syllabe suffit pour le changer. Nous admettons souvent dans la versification deux pieds, l'*iambe* & le *trochée*, également compofés d'une longue & d'une breve, avec cette différence que l'*iambe* commence par une breve, & le *trochée* par une longue. Celui-ci convient à la pefanteur d'une danfe rufti-que, l'autre à la chaleur d'un dialogue animé [1]. Comme à chaque pas l'*iambe* femble redoubler d'ardeur, & le *trochée* perdre de la fienne, c'eft avec le premier que les Auteurs fatyriques pourfuivent leurs ennemis, avec le fecond que les Dramatiques font quelquefois mouvoir les chœurs des vieillards fur la fcene [2].

Il n'eft point de mouvements dans la nature & dans nos paffions, qui ne retrouvent dans les diverfes efpeces de

---

(1) Ariftot. de Poet. cap. 4. Id. de Rhetor. lib. III, cap. 8.

(2) Aritoph. Acharn. v. 203. Schol. ibid.

rythmes, des mouvements qui leur correspondent & qui deviennent leur image [1]. Ces rapports sont tellement fixés, qu'un chant perd tous ses agréments dès que sa marche est confuse, & que notre ame ne reçoit pas aux termes convenus la succession périodique des sensations qu'elle attend. Aussi les Entrepreneurs de nos spectacles & de nos fêtes, ne cessent-ils d'exercer les Acteurs auxquels ils confient le soin de leur gloire. Je suis même persuadé que la musique doit une grande partie de ses succès à la beauté de l'exécution, & sur-tout à l'attention scrupuleuse avec laquelle les chœurs [2] s'assujettissent au mouvement qu'on leur imprime.

(1) Aristot. de Rep. lib. VIII, pag. 455.
(2) Aristot. Probl. 22, tom. 2, pag. 765.

Mais, ajouta Philotime, il eſt temps de finir cet entretien ; nous le prendrons demain, ſi vous le jugez à propos : je paſſerai chez vous avant que de me rendre chez Apollodore.

SUR LA PARTIE MORALE DE LA MUSIQUE.

LE lendemain je me levai au moment où les habitants de la campagne apportent des provisions au marché, & se répandent dans les rues en chantant de vieilles chansons [1]. Je les écoutois avec un plaisir qu'augmentoit encore le spectacle de la nature. Le ciel étoit pur & serein ; une fraîcheur délicieuse pénétroit mes sens ; j'admirois les apprêts éclatants de la naissance du jour, & j'étois bien loin de m'appercevoir que Philotime fût auprès de moi. Je vous ai surpris, me dit-il, dans une espece de ravissement. Je ne cesse de l'éprou-

____

(1) Aristoph. Ecclef. v. 278.

ver, lui répondis-je, depuis que je fuis en Grece : l'extrême pureté de l'air qu'on y refpire, & les vives couleurs dont les objets s'y parent à mes yeux, femblent ouvrir mon ame à de nouvelles fenfations. Nous prîmes de là occafion de parler de l'influence du climat [1]. Philotime attribuoit à cette caufe l'étonnante fenfibilité des Grecs, fenfibilité, difoit-il, qui eft pour eux une fource intariffable de plaifirs & d'erreurs, & qui femble augmenter de jour en jour. Je croyois au contraire, reprisje, qu'elle commençoit à s'affoiblir. Si je me trompe, dites-moi donc pourquoi la mufique n'opére plus les mêmes prodiges qu'autrefois.

---

(1) Hippocr. de Aer. cap. 55, &c. Plat. in Tim, tom. 5, pag. 24.

C'eſt, répondit-il, qu'elle étoit autrefois plus groſſiere ; c'eſt que les nations étoient encore dans l'enfance. Si
à des hommes dont la joie n'éclateroit
que par des cris tumultueux, une voix accompagnée de quelque inſtrument faiſoit entendre une mélodie très ſimple,
mais aſſujettie à certaines regles, vous
les verriez bientôt, tranſportés de joie,
exprimer leur admiration par les plus
fortes hyperboles : voilà ce qu'éprou-
verent les peuples de la Grece avant la
guerre de Troye. Amphion animoit
par ſes chants les ouvriers qui conſtrui-
ſoient la fortereſſe de Thebes, comme
on l'a pratiqué depuis lorſqu'on a re-
fait les murs de Meſſene [1] ; on publia
que les murs de Thebes s'étoient élevés

____

(1) Pauſan. lib. 4, cap. 27.

(63)

aux fons de fa lyre. Orphée tiroit de
la fienne un petit nombre de fons
agréables ; on dit que les tigres dé-
pofoient leur fureur à fes pieds.

Je ne remonte pas à ces fiecles reculés, repris-je ; mais je vous cite les
Lacédémoniens divifés entre eux, &
tout à coup réunis par les accords har-
monieux de Terpandre [1] ; les Athéniens entraînés par les chants de Solon
dans l'isle de Salamine , au mépris
d'un décret qui condamnoit l'Orateur
affez hardi pour propofer la conquête
de cette isle [2] ; les mœurs des Arcadiens adoucies par la mufique [3] , & je

____

[1]. Plut. de Muf. tom. 2 , pag. 1146. Diod.
Sicul. fragm. tom. 2. pag. 639, edit. Weffel.

[2] Plut. in Solon. tom. 1 , pag. 82.

[3] Polyb. lib. IV , pag. 289. Athen. lib. XIV,
pag. 626.

ne fais combien d'autres faits qui n'auront point échappé à vos recherches.

Je les connois affez, me dit-il, pour vous affurer que le merveilleux difparoît dès qu'on les difcute [1]. Terpandre & Solon dûrent leurs fuccès plutôt à la poéfie qu'à la mufique, & peut-être encore moins à la poéfie qu'à des circonftances particulieres. Il falloit bien que les Lacédémoniens euffent commencé à fe laffer de leurs divifions, puifqu'ils confentirent à écouter Terpandre. Quant à la révocation du décret obtenu par Solon, elle n'étonnera jamais ceux qui connoiffent la légéreté des Athéniens.

L'exemple des Arcadiens eft plus frappant. Ces peuples avoient con-

---

[1] Mém. de l'Acad. des B. L. tom. 5 , pag. 133

tracté

tracté dans un climat rigoureux & dans des travaux pénibles, une férocité qui les rendoit malheureux. Leurs premiers Législateurs s'apperçurent de l'impreſſion que le chant faiſoit ſur leurs ames. Ils les jugerent ſuſceptibles du bonheur, puiſqu'ils étoient ſenſibles. Les enfants apprirent à célébrer les Dieux & les Héros du pays. On établit des fêtes, des ſacrifices publics, des pompes ſolemnelles, des danſes de jeunes garçons & de jeunes filles. Ces inſtitutions, qui ſubſiſtent encore, rapprocherent inſenſiblement ces hommes agreſtes. Ils devinrent doux, humains, bienfaiſants. Mais combien de cauſes contribuerent à cette révolution? la poéſie, le chant, la danſe, des aſſemblées, des fêtes, des jeux, tous les moyens enfin qui,

en les attirant par l'attrait du plaifir,
pouvoient leur infpirer le goût des arts
& l'efprit de fociété.

On dut s'attendre à des effets à peu
près femblables, tant que la mufique,
étroitement unie à la poéfie, grave &
décente comme elle, fut deftinée à
conferver l'intégrité des mœurs. Mais
depuis qu'elle a fait de fi grands progrès, elle a perdu l'augufte privilege
d'inftruire les hommes & de les rendre
meilleurs. J'ai entendu plus d'une fois
ces plaintes, lui dis-je, je les ai vu
plus fouvent traiter de chimériques.
Les uns gémiffent fur la corruption
de la mufique, les autres fe félicitent
de fa perfection. Vous avez encore des
partifans de l'ancienne ; vous en avez
un plus grand nombre de la nouvelle.
Autrefois les Légiflateurs regardoient

la musique comme une partie essen-
tielle de l'éducation [1] : les Philosophes
ne la regardent presque plus aujour-
d'hui que comme un amusement hon-
nête [2]. Comment se fait-il qu'un art
qui a tant de pouvoir sur nos ames,
devienne moins utile en devenant plus
agréable ?

Vous le comprendrez peut-être, répondit-il, si vous comparez l'ancienne
musique avec celle qui s'est introduite
presque de nos jours. Simple dans son
origine, plus riche & plus variée dans
la suite, elle anima successivement les
vers d'Héfiode, d'Homere, d'Archiloque, de Terpandre, de Simonide &
de Pindare. Inséparable de la poéfie,

____

(1) Tim Locr. ap. Plat. tom. 3, pag. 104.
(2) Ariftot. de Rep. lib. VIII, cap. 3.

elle en empruntoit les charmes, ou plutôt elle lui prêtoit les siens. Car toute son ambition étoit d'embellir sa compagne.

Il n'y a qu'une expression pour rendre dans toute sa force une image ou un sentiment. Elle excite en nous des émotions d'autant plus vives, qu'elle fait seule retentir dans nos cœurs la voix de la Nature. D'où vient que les malheureux trouvent avec tant de facilité le secret d'attendrir & de déchirer nos ames ? c'est que leurs accents & leurs cris sont le mot propre de la douleur. Dans la musique vocale, l'expression unique est l'espece d'intonation qui convient à chaque parole, à chaque vers [1]. Or les anciens Poètes,

---

[1] Tartin. Tratt. di Mus. pag. 141.

qui étoient tout à la fois muficiens, philofophes, législateurs, obligés de diftribuer eux-mêmes dans leurs vers la modulation dont ces vers étoient fufceptibles, ne perdirent jamais de vue ce principe. Les paroles, la modulation, le rythme, ces trois puiffants agents dont la mufique fé fert pour imiter [1], confiés à la même main, dirigeoient leurs efforts de maniere que tout concouroit également à l'unité de l'expreffion.

Ils connurent de bonne heure les genres diatonique, chromatique, enharmonique ; & après avoir démêlé leur caractere, ils affignerent à chaque genre l'efpece de poéfie qui lui étoit

____

(1) Plat. de Rep. lib. III , tom. 2, pag. 398. Ariftot. de Poet. cap. 1, tom. 2, pag. 652. Arift. Quintil. lib. I, pag. 6.

la mieux affortie [1]. Ils employerent nos trois principaux modes , & les appliquerent par préférence aux trois efpeces de fujets qu'ils étoient prefque toujours obligés de traiter. Il falloit animer au combat une nation guerriere , ou l'entretenir de fes exploits ; l'harmonie Dorienne prêtoit fa force & fa majefté [2]. Il falloit, pour l'inftruire dans la fcience du malheur, mettre fous fes yeux de grands exemples d'infortune ; les élégies , les complaintes empruntent les tons perçants & pathétiques de l'harmonie Lydienne [3]. Il falloit enfin la remplir de refpect & de recon-

---

(1) Plut. de Muf. pag. 1142. Mém. de l'Acad. des Belles Lett. tom. 15 , pag. 372.

(2) Plat. de Rep. lib. III , pag. 399. Plut. de Muf. pag. 1136 & 1137.

(3) Plut. de Muf. pag. 1136.

noiſſance envers les Dieux ; la Phrygienne *a* fut deſtinée aux cantiques ſacrés [1].

La plûpart de ces cantiques, appellés
nomes, c'eſt-à-dire loix ou modeles [2],
étoient diviſés en pluſieurs parties, &

(*a*) On ne s'accorde pas ſur le caractere de l'harmonie Phrygienne. Suivant Platon, plus tranquille
que la Dorienne, elle inſpiroit la modération &
convenoit à un homme qui invoque les Dieux. (de
Rep. lib. III.) Suivant Ariſtote, elle étoit turbulente & propre à l'enthouſiaſme. (de Rep. lib. VIII,
pag. 459.) Il cite (pag. 455) les airs d'Olympe, qui
rempliſſoient l'ame d'une fureur divine. Cependant Olympe avoit compoſé ſur ce mode un nome
pour la ſage Minerve. (Plut. de Muſ. pag. 1142.)
Hyagnis, plus ancien qu'Olympe, auteur de pluſieurs hymnes ſacrés, avoit employé l'harmonie
Phrygienne. (Chron. de Paros. Mém. de l'Acad. des
Bell. Lettr. tom. 10, pag 257.)

(1) Plat. de Rep. ibid. Chron. de Paros.

(2) Poll. lib. IV, cap. 9, ſect. 66. Mém. de
l'Acad. des Bell. Lettr. tom. 10, pag. 218.

renfermoient une action. Comme on devoit y reconnoître le caractere immuable de la Divinité particuliere qui en recevoit l'hommage, on leur avoit preſcrit des regles dont on ne s'écartoit preſque jamais [1].

La modulation rigoureuſement aſſervie aux paroles, étoit ſoutenue par l'eſpece d'inſtrument qui leur convenoit le mieux. Cet inſtrument faiſoit entendre le même ſon que la voix [2] ; & lorſque la danſe accompagnoit le chant, elle peignoit fidellement aux yeux le ſentiment ou l'image qu'il tranſmettoit à l'oreille.

La lyre n'avoit qu'un petit nombre

____

(1) Plut. de Muſ. pag. 1133. Plat. de Leg. lib. III, pag. 700.

(2) Id. pag. 1141.

de fons, & le chant que très peu de variétés. La fimplicité des moyens employés par la mufique, affuroit le triomphe de la poéfie, & la poéfie plus philofophique & plus inftructive que l'hiftoire, parcequ'elle choifit de plus beaux modeles [1], traçoit de grands caracteres, & donnoit de grandes leçons de courage, de prudence & d'honneur. Philotime s'interrompit en cet endroit, pour me faire entendre quelques morceaux de cette ancienne mufique, & fur-tout des airs d'un Poète nommé Olympe, qui vivoit il y a environ neuf fiecles : ils ne roulent que fur un petit nombre de cordes [2], ajouta-t-il, & cependant ils font en quelque façon le défefpoir de nos compofiteurs modernes [a].

---

(1) Ariftot. de Poet. cap. 9. Batt. ibid. pag. 248.
(2) Plut. de Muf. pag. 1137.
(a) Plutarque dit que les Muficiens de fon temps

L'art fit des progrès, il acquit plus de modes & de rythmes. La lyre s'enrichit de cordes. Mais pendant long-temps les Poètes, ou rejetterent ces nouveautés, ou n'en uferent que fobrement, toujours attachés à leurs anciens principes, & fur-tout extrêmement attentifs à ne pas s'écarter de la décence & de la dignité ¹ qui caractérifoient la mufique.

De ces deux qualités fi effentielles aux beaux arts, quand ils ne bornent

---

feroient de vains efforts pour imiter la maniere d'Olympe. Le célebre Tartini s'exprime dans les mêmes termes, lorfqu'il parle des anciens chants d'Eglife : *bifogna*, dit-il, *confeffar certamente effervene qualcheduna (Cantilena) talmente piena di gravità, maeftà, e dolcezza congiunta a fomma femplicità muficale, che noi Moderni duraremmo fatica molta per produrne di eguali.* Tartin. Trattat. di Muf. pag. 144.

(1) Plut. de Muf. pag. 1140. Athen. lib. XIV, pag. 631.

pas leurs effets aux plaifirs des fens , la premiere tient à l'ordre, la feconde à la beauté. C'eft la décence ou convenance qui établit une jufte proportion entre le ftyle & le fujet qu'on traite, qui fait que chaque objet, chaque idée, chaque paffion a fa couleur, fon ton, fon mouvement [1], qui en conféquence rejette comme des défauts les beautés déplacées, & ne permet jamais que des ornements diftribués au hafard nuifent à l'intérêt principal. Comme la dignité tient à l'élévation des idées & des fentiments, le Poète qui en porte l'empreinte dans fon ame, ne s'abandonne pas à des imitations ferviles [2]. Ses conceptions font hautes, & fon langage

____

(1) Dionyf. Halicar. de Struct. orat. fect. 20, edit. Upton.

(2) Plat. de Rep. lib. III , pag. 395 , &c.

eft celui d'un médiateur qui doit parler aux Dieux & inftruire les hommes[1].

Telle étoit la double fonction dont les premiers Poètes furent fi jaloux de s'acquitter. Leurs hymnes infpiroient la piété, leurs poëmes le defir de la gloire, leurs élégies la fermeté dans les revers. Des chants faciles, nobles, ex-preffifs, fixoient aifément dans la mémoire les exemples avec les préceptes; & la jeuneffe, accoutumée de bonne heure à répéter ces chants, y puifoit avec plaifir l'amour du devoir, & l'idée de la vraie beauté.

Il me femble, dis-je alors à Philoti-me, qu'une mufique fi févere n'étoit guere propre à exciter les paffions. Vous penfez donc, reprit-il en fou-

____

(1) Plut. pag. 1140.

riant, que les paſſions des Grecs n'é-
toient pas aſſez actives. La nation étoit
fiere & ſenſible ; en lui donnant de trop
fortes émotions, on riſquoit de pouſſer
trop loin ſes vices & ſes vertus. Ce fut
auſſi une vue profonde dans ſes Légiſ-
lateurs, d'avoir fait ſervir la muſique à
modérer ſon ardeur dans le ſein des
plaiſirs, ou ſur le chemin de la victoire.
Pourquoi dès les ſiecles les plus reculés
admit-on dans les repas l'uſage de
chanter les Dieux & les Héros, ſi ce
n'eſt pour prévenir les excès du vin [1],
alors d'autant plus funeſtes , que les
ames étoient plus portées à la violence?
Pourquoi les Généraux de Lacédémone
jettent-ils parmi les ſoldats un certain

---

(1) Plut. de Muſ. pag. 1146. Athen. lib. XIV,
pag. 627.

nombre de Joueurs de flûte, & les font-
ils marcher à l'ennemi au son de cet
inftrument, plutôt qu'au bruit éclatant
de la trompette? n'eft-ce pas pour fuf-
pendre le courage impétueux des jeunes
Spartiates, & les obliger à garder leurs
rangs [1] ?

Ne foyez donc point étonné qu'a-
vant même l'établiffement de la philofophie, les Etats les mieux policés aient
veillé avec tant de foin à l'immutabilité
de la faine mufique [2], & que depuis,
les hommes les plus fages, convaincus
de la néceffité de calmer, plutôt que
d'exciter nos paffions, aient reconnu
que la mufique dirigée par la philofo-

---

(1) Thucyd. lib. V, fect. 70. Aul. Gell. lib. L,
cap. 11. Ariftot. ap. eumd. ibid. Plut. de irâ, tom. 2,
pag. 458. Polyb. lib. IV, pag. 289.
(2) Plut. de Muf. pag. 1146.

phie, eft un des beaux préfents du Ciel, une des plus belles inftitutions des hommes [1].

Elle ne fert aujourd'hui qu'à nos plaifirs. Vous avez pu entrevoir que fur la fin de fon regne, elle étoit menacée d'une corruption prochaine, puifqu'elle acquéroit de nouvelles richeffes. Polymnefte, tendant ou relâchant à fon gré les cordes de la lyre, avoit introduit des accords inconnus jufqu'à lui [2]. Quelques Muficiens s'étoient exercés à compofer pour la flûte des airs dénués de paroles [3]; bientôt après on vit dans les

---

(1) Tim. Locr. ap. Plat. tom. 3, pag. 104. Plat. de Rep. lib. III, pag. 410. Diotogen. ap. Stob. pag. 251.

(2) Plut. de Muf. pag. 1141. Mém. de l'Acad. des Bell. Lettr. tom. 15, pag. 318.

(3) Plut. ibid. pag. 1134 & 1141.

jeux Pythiques des combats où l'on n'entendoit que le son de ces inftruments [1] : enfin les Poètes, & fur-tout les Auteurs de cette poéfie hardie & turbulente, connue fous le nom de Dithyrambique, tourmentoient à la fois la Langue, la mélodie & le rythme, pour les plier à leur fol enthoufiafme [2]. Cependant l'ancien goût prédominoit encore. Pindare, Pratinas, Lamprus, d'autres Lyriques célébres, le foutinrent dans fa décadence [3]. Le premier fleuriffoit lors de l'expédition de Xerxès, il y a 120 ans environ. Il vécut affez de temps pour être le témoin

---

(1) Paufan. lib. X, pag. 813. Mém. de l'Acad. tom. 32, pag. 444.

(2) Plat. de Leg. lib. III, tom. 2, pag. 700. Schol. Ariftoph. in nub. v. 332.

(3) Plut. ibid. pag. 1143.

de

de la révolution préparée par les innovations de ses prédécesseurs, favorisée
par l'esprit d'indépendance que nous
avoient inspiré nos victoires sur les
Perses. Ce qui l'accéléra le plus, ce fut
la passion effrénée que l'on prit tout à
coup pour la musique instrumentale
& pour la poésie dithyrambique. La
premiere nous apprit à nous passer des
paroles, la seconde à les étouffer sous
des ornements étrangers.

La musique, jusqu'alors soumise à la
poésie [1], en secoua le joug avec l'audace
d'un esclave révolté ; les Musiciens ne
songerent plus qu'à se signaler par des
découvertes. Plus ils multiplioient les
procédés de l'art, plus ils s'écartoient
de la nature [2]. La lyre & la cithare firent

----

(1) Prat. ap. Athen. lib. XIV , pag. 617.
(2) Tartin. Tratt. di Muf. pag. 148.

F

entendre un plus grand nombre de fons. On confondit les propriétés des genres, des modes, des voix & des inftruments. Les chants, affignés auparavant aux diverfes efpeces de poéfie, furent appliqués fans choix à chacune en particulier [1]. On vit éclore des accords inconnus, des modulations inufitées, des inflexions de voix fouvent dépourvues d'harmonie [2]. La loi fondamentale & précieufe du rythme fut ouvertement violée, & la même fyllabe fut affectée de plufieurs fons [3]; bizarrerie qui devroit être auffi révoltante dans la mufique, qu'elle le feroit dans la déclamation.

---

(1) Plat. de Leg. lib. III, pag. 700.

(2) Pherecr. ap. Pluf. de Muf. pag. 1141.

(3) Ariftoph. in Ran. v. 1349, 1390. Schol. ibid.

(83)

A l'aſpeſt de tant de changements
rapides, Anaxilas diſoit, il n'y a pas
long-temps, dans une de ſes Comédies,
que la muſique, ainſi que la Libye,
produiſoit tous les ans quelque nou-
veau monſtre[1].

Les principaux auteurs de ces innovations ont vécu dans le ſiecle dernier,
ou vivent encore parmi nous ; comme
s'il étoit de la deſtinée de la muſique
de perdre ſon influence ſur les mœurs,
dans le temps où l'on parle le plus de
philoſophie & de morale. Pluſieurs
d'entre eux avoient beaucoup d'eſprit,
& de grands talents[2]. Je nommerai Mé-
lanippide, Cineſias, Phrynis[3], Polyi-

____

(1) Athen. lib XIV, pag. 623.
(2) Plat. de Leg. lib. III, pag. 700.
(3) Pherecr. ap. Plut. de Muſ. pag. 1141.

F ij

dès [1] si célebre par sa Tragédie d'Iphi-
génie, Timothée de Milet, qui s'est
exercé dans tous les genres de poéfie
& qui jouit encore de fa gloire dans
un âge très avancé. C'est celui de tous
qui a le plus outragé l'ancienne mufique. La crainte de paffer pour novateur
l'avoit d'abord arrêté [2]; il mêla dans fes
premieres compofitions de vieux airs,
pour tromper la vigilance des Magif-
trats, & ne pas trop choquer le goût qui
régnoit alors ; mais bientôt, enhardi
par le fuccès, il ne garda plus de mefure.

Outre la licence dont je viens de
parler, des Muficiens inquiets veulent
arracher de nouveaux fons au tétra-

---

(1) Arift. de Poet. cap. 16, tom. 2, pag. 664.

(2) Plut. de Muf. tom. 2, pag. 1132.

(85)

corde. Les uns s'efforcent d'inférer dans le chant une fuite de quarts de ton [1], ils fatiguent les cordes, redoublent les coups d'archet, approchent l'oreille pour furprendre au paffage une nuance de fon qu'ils regardent comme le plus petit intervalle commenfurable [2]. La même expérience en raffermit d'autres dans une opinion diamétralement oppofée. On fe partage fur la nature du fon [3], fur les accords dont il faut faire ufage [4], fur les formes introduites dans le chant, fur les talents & les ouvrages de chaque chef de parti. Epigonus, Eraftoclès [5], Pythagore de Za-

---

(1) Ariftox. Harm. elem. lib. II, pag. 53.
(2) Plat. de Rep. lib. VII, pag. 531.
(3) Ariftox. lib. I, pag. 3.
(4) Id. lib. II, pag. 36.
(5) Id. lib. I, pag. 5.

cynthe, Agénor de Mytilene, Anti-
génide, Dorion, Timothée [1], ont
des difciples qui en viennent tous les
jours aux mains, & qui ne fe réunif-
fent que dans leur fouverain mépris
pour la mufique ancienne qu'ils trai-
tent de furannée [2].

Savez-vous qui a le plus contribué
à nous infpirer ce mépris ? ce font des
Ioniens [3] ; c'eft ce peuple qui n'a pu
défendre fa liberté contre les Perfes,
& qui, dans un pays fertile & fous le
plus beau ciel du monde [4], fe confole
de cette perte dans le fein des arts &
de la volupté. Sa mufique légere, brillante, parée de graces, fe reffent en

____

(1) Plut. de Muf. pag. 1138, &c.
(2) Id. ibid. pag. 1135.
(3) Arift. Quintil. lib. I, pag. 37.
(4) Herod. lib. I, cap. 142.

même temps de la molleſſe qu'on reſ-
pire dans ce climat fortuné[1]. Nous eû-
mes quelque peine à nous accoutumer
à ſes accents. Un de ces Ioniens, Timothée dont je vous ai parlé, fut
d'abord ſifflé ſur notre théatre : mais
Euripide, qui connoiſſoit le génie de
ſa nation, lui prédit qu'il régneroit
bientôt ſur la ſcene ; & c'eſt ce qui eſt
arrivé[2]. Enorgueilli de ce ſuccès, il ſe
rendit chez les Lacédémoniens avec
ſa cithare de onze cordes, & ſes chants
efféminés. Ils avoient déja réprimé deux
fois l'audace des nouveaux Muſiciens[3].
Aujourd'hui même, dans les pieces
que l'on préſente au concours, ils exi-

---

(1) Lucian. Harm. tom. I, pag. 851. Mém. de
l'Acad. tom. 13 , pag. 208.
(2) Plut. *an ſeni* &c. tom. 2 , pag. 795.
(3) Athen. pag. 628.

gent que la modulation exécutée fur un inftrument à fept cordes, ne roule que fur un ou deux modes [1]. Quelle fut leur furprife aux accords de Timothée! quelle fut la fienne à la lecture d'un décret émané des Rois & des Ephores! On l'accufoit d'avoir, par l'indécence, la variété & la molleffe de fes chants, bleffé la majefté de l'ancienne mufique, & entrepris de corrompre les jeunes Spartiates. On lui prefcrivoit de retrancher quatre cordes de fa lyre, en ajoutant qu'un tel exemple devoit à jamais écarter les nouveautés qui donnent atteinte à la févérité des mœurs [2]. Il faut obferver que le décret eft à-peu-près du temps

______

(1) Plut. de Muf. pag. 1142.
(2) Boeth. ap. Bull. in Theon. Smyrn. pag. 295.

où les Lacédémoniens remportèrent à Ægos-Potamos cette célebre victoire qui les rendit maîtres d'Athenes.

Parmi nous, des ouvriers, des mercénaires décident du fort de la mufique; ils rempliffent le théatre, affiftent aux combats de mufique, & fe conftituent les arbitres du goût. Comme il leur faut des fecouffes plutôt que des émotions, plus la mufique devint hardie, enluminée, fougueufe, plus elle excita leurs tranfports [1]. Des philofophes eurent beau s'écrier [2] qu'adopter de pareilles innovations, c'étoit ébranler les fondements de l'Etat [a];

(1) Arift. de Rep. lib. VIII, pag. 458 & 459.

(2) Plat. de Rep. lib. IV, pag. 424.

(a) Pour juftifier cette expreffion, il faut fe rappeller l'extrême licence qui, du temps de Platon, régnoit dans la plûpart des Républiques de la Grece.

envain les auteurs dramatiques per-
cerent de mille traits ceux qui cher-

Après avoir altéré les inftitutions dont elle ignoroit
l'objet, elle détruifit par des entreprifes fucceffives
les liens les plus facrés du Corps politique. On com-
mença par varier les chants confacrés au culte des
Dieux, on finit par fe jouer des ferments faits en
leur préfence. (Plat. de Leg. lib. III, pag. 701.)
A l'afpect de la corruption générale, quelques Philofophes ne craignirent pas d'avancer que dans un
Etat qui fe conduit encore plus par les mœurs que
par les loix, les moindres innovations font dange-
reufes, parcequ'elles en entraînent bientôt de plus
grandes. Auffi n'eft-ce pas à la mufique feule qu'ils
ordonnerent de ne pas toucher ; la défenfe devoit
s'étendre aux jeux, aux fpectacles, aux exercices
du Gymnafe, &c. (Plat. de Rep. lib. IV, pag. 424.
de Leg. lib. VII, pag. 797.) Au refte ces idées
avoient été empruntées des Egyptiens. Ce peuple,
ou plutôt ceux qui le gouvernoient, jaloux de
maintenir leur autorité, ne conçurent pas d'autre
moyen, pour réprimer l'inquiétude des efprits,
que de les arrêter dans leurs premiers écarts. De là
ces loix qui défendoient aux artiftes de prendre le
moindre effor, & les obligeoient à copier fervile-
ment ceux qui les avoient précédés. (Plat. de Leg.
lib. II, pag. 656.)

(91)

choient à les introduire [1]. Comme ils n'avoient point de décret à lancer en faveur de l'ancienne musique, les charmes de son ennemie ont fini par tout subjuguer. L'une & l'autre ont eu le même fort que la vertu & la volupté, quand elles entrent en concurrence.

Parlez de bonne foi, dis-je alors à Philotime ; n'avez-vous pas quelquefois éprouvé la séduction générale ? Très souvent, répondit-il ; je conviens que la musique actuelle est supérieure à l'autre par ses richesses & par ses agréments. Mais je soutiens qu'elle n'a pas d'objet moral. J'estime dans

---

(1) Aristoph. in Nub. v. 965. in Ran. v. 1339. Schol. ibid. Prat. ap. Ahen. lib. XIV, pag. 617. Pherecr. ap. Plut. de Muf. pag. 1141.

les productions des Anciens un Poète qui me fait aimer mes devoirs ; j'admire dans celles des Modernes un Muſicien qui me procure du plaiſir. Et ne penſez-vous pas , repris-je avec chaleur, qu'on doit juger de la muſique par le plaiſir qu'on en retire [1] ?

Non, ſans doute, répliqua-t-il, ſi ce plaiſir eſt nuiſible , ou s'il en remplace d'autres moins vifs , mais plus utiles. Vous êtes jeune & vous avez beſoin d'émotions fortes & fréquentes [2]. Cependant , comme vous rougiriez de vous y livrer, ſi elles n'étoient pas conformes à l'ordre, il eſt viſible que vous devez ſoumettre à l'examen de la raiſon vos plaiſirs & vos peines , avant que

(1) Plat. de Leg. lib. II , pag. 668,
(2) Id. ibid. pag. 664.

d'en faire la regle de vos jugements &
de votre conduite.

Je crois devoir établir ce principe :
un objet n'eſt digne de notre empreſſe-
ment que, lorſqu'au-delà des agréments qui le parent à nos yeux, il ren-
ferme en ſoi une bonté, une utilité
réelle [1]. Ainſi la Nature, qui veut nous
conduire à ſes fins par l'attrait du plaiſir, & qui jamais ne borna la ſublimité
de ſes vues à nous procurer des ſenſa-
tions agréables, a mis dans les aliments
une douceur qui nous attire, & une
vertu qui opere la conſervation de notre eſpece. Ici le plaiſir eſt un premier
effet, & devient un moyen pour lier
la cauſe à un ſecond effet plus noble
que le premier. Il peut arriver que la

____

(1) Id. ibid. pag. 667.

nourriture étant également faine, & le plaifir également vif, l'effet ultérieur foit nuifible ; enfin fi certains aliments propres à flatter le goût, ne produi-foient ni bien ni mal, le plaifir feroit paffager & n'auroit aucune fuite. Il ré-fulte de-là que c'eft moins par le premier effet, que par le fecond, qu'il faut décider fi nos plaifirs font utiles, funeftes ou indifférents.

Appliquons ce principe. L'imitation que les arts ont pour objet, nous affecte de diverfes manieres ; tel eft fon premier effet. Il en exifte quelquefois un fecond plus effentiel, fouvent ignoré du fpectateur & de l'Artifte lui-même; elle modifie l'ame [1] au point de la plier infenfiblement à des habitudes qui l'em-

---

(1) Ariftot. de Rep. lib. VIII, pag. 455.

belliffent ou la défigurent. Si vous n'a-
vez jamais réfléchi fur l'immenfe pouvoir de l'imitation , confidérez jufqu'à
quelle profondeur deux de nos fens ,
l'ouie & la vue, tranfmettent à notre
ame les impreffions qu'ils reçoivent ;
avec quelle facilité un enfant entouré
d'efclaves copie leurs difcours & leurs
geftes, s'approprie leurs inclinations &
leur baffeffe [1].

Quoique la peinture n'ait pas , à
beaucoup près , la même force que la
réalité , il n'en eft pas moins vrai que
fes tableaux font des fcenes où j'affifte,
fes images des exemples qui s'offrent
à mes yeux. La plûpart des fpectateurs
n'y cherchent que la fidélité de l'imitation , & l'attrait d'une fenfation paffa-

---

(1) Plat. de Rep. lib. III , pag. 305.

gere. Mais les philofophes y décou-
vrent fouvent, à travers les preftiges de
l'art, le germe d'un poifon caché. Il
femble à les entendre que nos vertus font fi pures ou fi foibles, que
le moindre fouffle de la contagion
peut les flétrir ou les détruire. Auffi
en permettant aux jeunes gens de
contempler à loifir les tableaux de
Denys, les exhortent-ils à ne pas
arrêter leurs regards fur ceux de Pau-
fon, à les ramener fréquemment fur
ceux de Polygnote [1]. Le premier a
peint les hommes tels que nous les
voyons; fon imitation eft fidelle, agréable à la vue, fans danger, fans utilité
pour les mœurs. Le fecond, en don-

____

(1) Ariftot. de Rep. lib. VIII, cap. 5, pag. 455.
Id. de Poet. cap. 2, tom. 2, pag. 653.

nant

nant à ſes perſonnages des caracteres & des fonctions ignobles, a dégradé l'homme ; il l'a peint plus petit qu'il n'eſt : ſes images ôtent à l'héroïſme ſon éclat, à la vertu ſa dignité. Polygnote en repréſentant les hommes plus grands & plus vertueux que nature, éleve nos penſées & nos ſentiments vers des modeles ſublimes, & laiſſe fortement empreinte dans nos ames l'idée de la beauté morale, avec l'amour de la décence & de l'ordre.

Les impreſſions de la muſique ſont plus immédiates, plus profondes & plus durables que celles de la peinture[1] ; mais ſes imitations, rarement d'accord avec nos vrais beſoins, ne ſont preſque plus inſtructives. Et en

---

(1) Ariſt. de Rep. lib. VIII, pag. 455.

G

effet quelle leçon me donne ce joueur
de flûte, lorfqu'il contrefait fur le théatre le chant du roffignol [1] & dans nos
jeux les fifflements d'un ferpent [2] ; lorf-
que dans un morceau d'exécution il
vient heurter mon oreille d'une multitude de fons, rapidement accumulés
l'un fur l'autre [3] ? J'ai vu Platon demander ce que ce bruit fignifioit, &
pendant que la plûpart des fpectateurs
applaudiffoient avec tranfport aux har-
dieffes du Muficien [4], le taxer d'igno-
rance & d'oftentation ; de l'une, parcequ'il n'avoit aucune notion de la
vraie beauté ; de l'autre, parcequ'il

---

(1) Ariftoph. in Av. v. 223.

(2) Strab. lib. IX, pag. 421.

(3) Plat. de Legib. lib. II, pag. 669.

(4) Ariftot. de Rep. lib. VIII, cap. 6, pag. 457.

n'ambitionnoit que la vaine gloire de vaincre une difficulté [a].

Quel effet encore peuvent opérer des paroles qui, traînées à la suite du chant, brisées dans leur tissu, contra-riées dans leur marche, ne peuvent partager l'attention que les inflexions & les agréments de la voix fixent uni-quement sur la mélodie ? Je parle sur-tout de la musique qu'on entend au

---

(a) Voici une remarque de Tartini : La musique n'est plus que l'art de combiner des sons ; il ne lui reste que sa partie matérielle, absolument dépouil-lée de l'esprit dont elle étoit autrefois animée. En secouant les regles qui dirigeoient son action sur un seul point, elle ne l'a plus exercée que sur des généralités. Si elle me donne des impressions de joie ou de douleur, elles sont vagues & incertai-nes. Or l'effet de l'art n'est entier que lorsqu'il est particulier & individuel. (Tartin. Tratt. di Mus. pag. 141.)

G ij

théatre [1] & dans nos jeux. Car dans plusieurs de nos cérémonies religieuses elle conserve encore son ancien caractere.

En ce moment des chants mélodieux frapperent nos oreilles. On célébroit ce jour là une fête en l'honneur de Théfée [2]. Des chœurs compofés de la plus brillante jeuneffe d'Athenes, fe rendoient au temple de ce Héros. Ils rappelloient fa victoire fur le Minotaure, fon arrivée dans cette ville, & le retour des jeunes Athéniens dont il avoit brifé les fers. Après les avoir écoutés avec attention, je dis à Philotime : Je ne fais fi c'eft la poéfie, le chant, la précifion du rythme, l'in-

---

(1) Plut. de Muf. tom. 2, pag. 1136.
(2) Plut. in Thef. tom. 1, pag. 17.

térêt du fujet, ou la beauté raviffante des voix [1] que j'admire le plus. Mais il me femble que cette mufique remplit & éleve mon ame. C'eft, reprit vivement Philotime, qu'au lieu de s'amufer à remuer nos petites paffions, elle va réveiller jufqu'au fond de nos cœurs les fentiments les plus honorables à l'homme, les plus utiles à la fociété, le courage, la reconnoiffance, le devouèment à la patrie ; c'eft que de fon heureux affortiment avec la poéfie, le rythme & tous les moyens dont vous venez de parler, elle reçoit un caractere impofant de grandeur & de nobleffe ; qu'un tel caractere ne manque jamais fon effet, & qu'il attache d'autant plus ceux qui font faits

---

(1) Xenoph. memor. lib. III, cap. 5, edit. Oxon.

G iij

pour le faifir, qu'il leur donne une plus haute opinion d'eux-mêmes. Et voilà ce qui juftifie la doctrine de mon Maître. Souffrez que je vous développe en peu de mots une de fes idées qu'il fe contenta hier de nous indiquer. Mais j'ai befoin de votre indulgence pour l'expreffion : s'il falloit conferver à fes penfées les charmes dont il fait les embellir, ce feroit aux Graces à tenir le pinceau.

Platon convaincu fans doute que l'imitation aveugle eft le mobile fecret de la plûpart de nos actions, voudroit, à l'exemple de quelques philofophes, que les arts, les jeux, les fpectacles, tous les objets, s'il étoit poffible, n'offriffent que des tableaux où brilleroient la décence, l'ordre & l'harmonie [1].

____

(1) Plat. de Rep. lib. III, pag. 401.

Ainſi les jeunes citoyens , de toutes parts entourés & aſſaillis des images de la beauté , & vivant au milieu de ces images comme dans un air pur & ſerein , s'en pénétreroient juſqu'au fond de l'ame , & par une ſorte d'inſtinct les reproduiroient dans leurs paroles & dans leur conduite. Nourris depuis leur enfance de ces ſemences divines, on les verra s'effaroucher au premier aſpect du vice, parcequ'ils n'y reconnoîtront pas l'empreinte auguſte & ſacrée qu'ils ont dans le cœur ; treſ-ſaillir à la voix de la raiſon & de la vertu, parcequ'elles leur apparoîtront ſous des traits connus & familiers ; aimer enfin la beauté avec tous les tranſports, mais ſans aucun des excès de l'amour.

Ah, que nos artiſtes ſont éloignés

d'atteindre à la hauteur de ces idées ! Peu fatisfaits d'avoir anéanti les propriétés affectées aux différentes parties de la mufique, ils violent encore les regles des convenances les plus communes. Déja la danfe, foumife à leurs caprices, devient tumultueufe, impétueufe, quand elle devoit être grave & décente ; déja on infere dans les entre-actes de nos tragédies des fragments de poéfie & de mufique étrangers à la piece, & les chœurs ne fe lient plus à l'action [1].

Je ne dis pas que de pareils défordres foient la caufe de notre corruption ; mais ils l'entretiennent & la fortifient. Ceux qui les regardent comme indifférents , ne favent pas

---

(1) Ariftot. de Poet. cap. 18, tom. 2 , pag. 666.

qu'on maintient la regle autant par les
rites & les manieres , que par les principes; que les mœurs ont leurs formes
comme les loix, & que le mépris des
formes détruit peu à peu tous les liens
qui uniſſent les hommes.

On doit reprocher encore à la muſique actuelle cette douce molleſſe, ces
ſons enchanteurs qui tranſportent la
multitude, & dont l'expreſſion, n'ayant
pas d'objet déterminé, eſt toujours in-
terpretée en faveur de la paſſion domi-
nante. Leur unique effet eſt d'énerver
de plus en plus une nation où les ames
ſans vigueur, ſans caractere, ne ſont
diſtinguées que par les differents degrés
de leur puſillanimité.

Mais, dis-je à Philotime, puiſque
l'ancienne muſique a de ſi grands avan-
tages, & la moderne de ſi grands agré-

ments, pourquoi n'a-t-on pas effayé de les concilier ? Je connois un Muficien nommé Téléfias, me répondit-il, qui en forma le projet il y a quelques années [1]. Dans fa jeuneffe, il s'étoit nourri des beautés féveres qui regnent dans les ouvrages de Pindare & de quelques autres Poètes lyriques. Depuis, entraîné par les charmes qui brillent dans les productions de Philoxene, de Timothée & des Poètes modernes, il voulut rapprocher ces différentes manieres. Mais malgré fes efforts, il retomboit toujours dans celle de fes premiers maîtres, & ne retira d'autre fruit de fes veilles que de mécontenter les deux partis.

Non, la mufique ne fe relevera

____

(1) Plut. de Muf. pag. 1142.

plus de fa chute. Il faudroit changer nos idées & nous rendre nos vertus. Or il eft plus difficile de réformer une nation que de la policer. Nous n'avons plus de mœurs, ajouta-t-il, nous aurons des plaifirs. L'ancienne mufique convenoit aux Athéniens vainqueurs à Marathon ; la nouvelle à des Athéniens vaincus à Ægos-Potamos.

Je n'ai plus qu'une queftion à vous faire, lui dis-je : pourquoi apprendre à votre Eleve un art fi funefte ? à quoi fert-il en effet ? A quoi il fert, reprit-il en riant ? de hochet aux enfants de tout âge, pour les empêcher de brifer les meubles de la maifon [1]. Elle occupe ceux dont l'oifiveté feroit à craindre dans un Gouvernement tel

______

[1] Arift. de Rep. lib. VIII , cap. 6.

que le nôtre ; elle amuse ceux qui, n'étant redoutables que par l'ennui qu'ils traînent avec eux, ne savent à quoi dépenser leur vie.

Lysis apprendra la musique, parceque, destiné à remplir les premieres places de la République, il doit se mettre en état de donner son avis sur les pieces que l'on présente au concours, soit au théatre, soit aux combats de musique. Il connoîtra toutes les especes d'harmonie, & n'accordera son estime qu'à celles qui pourront influer sur ses mœurs [1]. Car malgré sa dépravation, la musique peut nous donner encore quelques leçons utiles [2]. Ces procédés pénibles, ces chants de diffi-

____

(1) Arist. de Rep. lib. VIII, cap. 7.
(2) Id. cap. 6, pag. 456.

cile exécution, qu'on fe contentoit d'admirer autrefois dans nos fpecta-cles, & dans lefquels on exerce fi la-borieufement aujourd'hui les enfants [1], ne fatigueront jamais mon Eleve. Je mettrai quelques inftruments entre fes mains, à condition qu'il ne s'y rendra jamais auffi habile que les maîtres de l'art. Je veux qu'une mufique choifie rempliffe agréablement fes loifirs, s'il en a ; le délaffe de fes travaux, au lieu de les augmenter, & modere fes paf-fions s'il eft trop fenfible [2]. Je veux enfin qu'il ait toujours cette maxime devant les yeux, que la mufique nous appelle au plaifir, la philofophie à la vertu ; mais que c'eft par le plai-

---

(1) Id. ibid. pag. 457.

(2) Id. cap. 7, pag. 458.